HR实战学堂

HR
玩转招聘

WANZHUANZHAOPIN

主　编　陶　琳　王伟杰

编　者　侯世霞　陈鸿星　涂远伟　张利民　杨小钟　唐祥芳

中国劳动社会保障出版社

图书在版编目(CIP)数据

玩转招聘/陶琳，王伟杰主编．—北京：中国劳动社会保障出版社，2017
ISBN 978-7-5167-3213-7

Ⅰ.①玩…　Ⅱ.①陶…②王…　Ⅲ.①企业管理-招聘-人力资源管理　Ⅳ.①F272

中国版本图书馆 CIP 数据核字(2017)第 248984 号

中国劳动社会保障出版社出版发行

（北京市惠新东街 1 号　邮政编码：100029）

*

北京北苑印刷有限责任公司印刷装订　新华书店经销

787 毫米×1092 毫米　16 开本　6.25 印张　62 千字

2017 年 10 月第 1 版　　2017 年 10 月第 1 次印刷

定价：22.00 元

读者服务部电话：（010）64929211/84209103/84626437

营销部电话：（010）84414641

出版社网址：http://www.class.com.cn

编者的话

人力资源工作是将“人”作为研究核心的工作。人力资源管理从业者(HR)，就是在企业组织中把每位员工与整个企业联系起来的重要纽带。我们希望通过“HR实战学堂”丛书，引导更多的HR认识并实现这一点，通过帮助HR提升职业能力，进而帮助到每一位企业员工，让更多的人在自己工作的组织中获得支持，体现自我价值。

在人力资源管理工作中，招聘是整个工作的源头。通过正确的方式寻找到合适的人才，是人力资源管理成功的关键。为此，我们打造出这本关于招聘的图书，将它呈献给从事人力资源管理或对人力资源管理有兴趣的朋友。

本书从招聘启事、招聘渠道、简历筛选、面试邀约与面试设计、薪资谈判、背景调查、入职准备等基本的概念、实用的技巧和最常见的情况出发，由浅入深地展示了如何高效、完美地做好招聘的日常工作。

我们在调查中了解到，许多HR对招聘工作中的细节问题还缺乏足够的理解和重视。这些问题看似琐碎，实际上对企业招聘的成效至关重要。作为一名HR，只有学会将这些细节进行完美处理，才能掌握正确有效的工作方法，有助于自己职业生涯的发展。

本书几经修改，最终呈现给大家的是充实清楚的招聘文案、详细常见的招聘案例、丰富明晰的设计图表。希望这本书能够为负责招聘工作的HR提供帮助，伴随他们职业发展。

本书是“HR实战学堂”丛书中的一册，由汇人商学院专家编写。汇人商学院自 2003 年成立以来，始终立足于人力资源、心理咨询、劳动法、培训师培训等人才工作领域，致力于职场白领的专业素质培养和提升。经汇人商学院培训过的学员已经超过 3 万名，遍布在上海各大知名企业，支撑起这些企业的人力资源管理工作，为经济建设贡献着各自的力量。汇人商学院的人力资源专家、讲师们在忙于授课的同时，依然勤于著述，笔耕不辍，先后与国际人力资源与心理协会、国际培训师联合会等专业机构合作，出版了多本教材、专著，受到广大学员的热烈欢迎，得到了良好的市场反馈。

Contents 目录

招聘秘籍一：

撰写招聘启事

面对日益激烈的人才争夺战，HR的小伙伴们，大家准备好了吗？

要知道，企业的招聘启事是从营销包装开始的！好的招聘启事本身就是一则具有轰动效应的广告，如果企业的招聘启事一开始就能吸引到人才，后续工作就会顺利许多；反之，招聘就会举步维艰。

招聘的第一步，从写好一份招聘启事开始。如何能写出打动人心的招聘启事？我们的经验是：请用写广告文案的范儿写招聘启事！以下是我们提供的经验分享。

一、让员工成为合作伙伴

企业要改变“我雇用你，你为我工作，我付工资给你”的局面。许多企业已不再使用“员工”一词，称呼上开始用“合作伙伴”取代“员工”。

在商业上，对“合作伙伴”的定义通常包括的因素有：为了追求一个共同的目标，双方达成协议；为了实现这个目标，共同投资；在达到目标的过程中，共担风险，共享成绩。

在撰写企业招聘启事时，如果真心想招募一名合格的合作伙伴，那么就要思考企业招募的合作伙伴最想看到的是什么，而不是简单的一句“我们需要您这样的小伙伴加入”，这点非常关键。

【举例】星巴克的“伙伴”关系

星巴克的员工们称彼此为“伙伴”，这样的称呼淡化了同事的关系，使彼此间更像朋友、更显亲切，在他们眼里，这不只是一份工作，而是一份事业。正是秉持这样一种“伙伴文化”的理念，他们用“人性化”与“爱”的服务给顾客营造出温馨、自由的气氛，构建起城市的“第三空间”。

那么星巴克是从哪些方面与伙伴一起成长的呢？

1. 清晰的职业路线

星巴克为伙伴提供了透明、清晰的发展路线：咖啡吧员→值班主管→店副理→区经理→营运高层，并提供系统的培训和辅导。通过一系列的人才发展计划，伙伴们清晰地看到自己的职业发展阶梯，只要自己努力，一切皆有可能。

2. 多元化的发展渠道

星巴克为员工素质提升提供了多样化的发展渠道。星巴克提供的培训课程主要有三类：一是新员工课程；二是员工推荐课程，这是由员工直属上级根据员工个人特点和发展需求定制的个性化推荐课程；三是优秀员工进阶课程，这类培训对象是潜在的管理人员。

3. 人性化的福利政策

星巴克注重以人为本，强调对每一个员工的关注，除了薪资和法定的福利保障外，还提供人性化的福利政策，如豆股计划（面向普通员工公司股权购买方案）、星基金（员工互助的意外求援基金）等。

二、发掘公司的亮点

任何公司，都有其美好之处。任何“美好”，不管大小，都彰显着公司的理念、做事风格、企业文化。撰写招聘启事要善于挖掘公司的亮点，但切忌无中生有、夸大其实。

1. 薪资福利

如果企业提供的薪资福利优厚，详尽的描述可以吸引应聘者。

【举例】

公司福利包括：五险一金、每月的全勤奖金、年终奖金、绩效奖金、内部推荐奖、三节礼品（春节、端午节、中秋节）、定期的员工活动（爬山、烧烤、春游、运动会等）。公司免费提供员工宿舍，住宿条件为公寓，单人单间，小区环境优美。

2. 地理位置

如果企业地理位置优越，可以着重描述。

【举例】

优越的地理位置，公交、地铁四通八达，周边配套设施完善。

3. 公司氛围

突出工作环境佳，整体氛围好。

【举例】

我们的团队规模小，但够小资，苏州河滨，巨大落地窗，复精品办公，不间断提供免费现磨咖啡。老板、同事都非常友好，工作氛围轻松，互相学习，共同成长。还有定期的团队建设活动等。

4. 特殊福利

由于行业不同，每个公司会有不同的“特殊福利”，可加以描述。

【举例】

当你的邻居每天上班需要带饭、带茶叶、带咖啡的时候，你上班除了公交卡，什么都不需要带。因为我们有专业厨师精心烹制的营养午餐，有全天零食、饮料提供，还有肯德基同款豆浆哦。

总之，撰写招聘文案如同广告文案一样，要充分发掘公司各方面的“闪光点”。

如果你发现不了公司任何“闪光点”，那也许说明你不了解你的公司，或者你的公司毫无生机活力，你对公司没有任何兴趣。

三、文案要有创意

撰写招聘文案要根据企业自身的资源、风格挖掘设计出能吸引应聘者注意的内容，并且考虑有效的传播方式和渠道让人才愿意入职。

【举例】

以下招聘文案信息会让应聘者感觉比较亲切，字里行间能感受到 HR 的关怀和谦和，让人看了很舒服。

你经常要做的事情：

与淘宝、天猫卖家洽谈，拿到超低独家折扣产品，推荐超值商品，帮助用户做出最省钱的购物决策。

你要具备的技能：

1. 够败家。作为一个淘宝达人，你如果不曾在淘宝血拼，不曾被小伙伴们追捧你的胜利果实，咱们不如不见！

2. 真时尚。我们在给广大妹子带来最具性价比的时尚产品，所以你不能挑个妈妈爱的花色，是吗？

3. 会还价。如果你说你买东西是拦腰斩，我们大大欢迎。

4. 最投入。用生命去热爱这个工作！

如果以上各项您已经拥有，请报名吧，我们将很高兴认识您。

四、操作攻略指南

1. 分析目标受众

先要弄明白招聘启事是写给谁看的，然后认真分析目标受众的年龄、个性、爱好、阅读习惯等因素。只有选择适合应聘者阅读习惯和爱好的招聘文案，才能最终打动他们。

2. 招聘启事格式

招聘启事的格式一般包括以下内容。

（1）标题。招聘启事的标题可以简单地由事由和文种名称构成，如“招聘启事”或“招工启事”，也可以根据自身企业的实际情况起一个有吸引力、有创意的标题。

（2）正文。招聘启事的正文较为具体，一般而言，需着重交代下列事项。

1）招聘方的情况。该项内容包括招聘方的业务、工作范围、地理位置等。

2）对招聘对象的具体要求。该项内容包括招募人员的工作性质、业务类型，以及招募人员的年龄、性别、文化程度、工作经历、技术特长、科技成果、户籍关系等。

3）招募人员受聘后的待遇。该项内容一般要写明月薪或年薪，写明是否执行标准工作时间、是否解决住房、是否安排家属等。

4）其他情况。其他情况还包括应聘人员须交验的证件、应办理的手续、应聘的手续，以及应聘的具体时间、联系地点、联系人、电话号码等。

（3）落款。落款要求在正文右下角，署上发表启事的单位名称和启事的发文时间。标题或正文中已有单位名称的可不再重复。

五、注意要点

1. 招聘启事中涉及的法律风险

招聘启事中应避免出现有就业歧视倾向的语句。目前，我国已经制定了相应的法律法规和规章制度来保护公民的平等就业权（比如，招工中不得歧视妇女），但相关规定在实际运用中仍有很多不明确之处。因此，在司法实务中，是否构成就业歧视就要依靠法官裁量。为规避可能出现的法律风险，招聘启事中关于招聘条件的用语要谨慎，尽量不要出现刚性的条件。公司应该合理通过招聘启事设置和表达招聘条件，如多使用“优先”“择优”等字眼。并且，最终的选择应该是基于对应聘者进行全面评估和考核之后的合理选择，而非基于某一个刚性标准。

2. 薪资待遇设定切勿自作聪明

现在很多招聘网站都要求招聘企业标明岗位的薪资待遇，劳动法也强调不得对录用人员工作时间、休息休假、薪酬福利等有关劳动者基本权益的内容做虚假承诺。尽管如此，还有很多企业虽然标明了薪酬待遇信息，但是区间设置得非常宽泛，希望以表面上的高薪吸引应聘者。事实上，稍微有点经验的应聘者都清楚，该公司能提供的待遇是招聘启事中的最低值。薪酬区间写得太过宽泛，反而会降低应聘者对企业的信任感。

3. 企业介绍缺少亮点将难以吸引人才

企业介绍泛泛而谈，没有突出优势，无法和竞争对手形成差异化，这将难以吸引合适的应聘者。

招聘秘籍二：

招聘渠道管理

招聘工作始于渠道。如果不能选好、用好招聘渠道，就很难找到企业所需要的人才。招聘渠道不是在需要的时候去用就行的，而是要根据企业的特色提前搭建、提前准备，这样才能帮助企业招到适合的人才。

一、常用招聘渠道的优缺点分析

企业在选择招聘渠道时，一定要先了解它们的优缺点，这样才能选择合适的招聘方式，更快地招到企业发展所需的人才。几种常用招聘渠道的优缺点分析见表2—1。

表2—1　　常用招聘渠道的优缺点分析

招聘渠道分类	细分	优点	缺点
校园定向招聘	学校信息栏海报	信息发布及时性好，便于学生知晓	不正规，没有校方官方的肯定与支持
	学校组织的招聘会	学生参与度高，有历届学生参与，可以间接提升企业知名度	竞争力比较强，优秀学生通常会选择多家企业对比
	校企联合专场招聘会	提高企业品牌知名度，可以吸引优秀学生	花费大，对企业宣传手段要求逐年提升

续表

招聘渠道分类	细分	优点	缺点
媒体广告招聘	电视媒体	花费巨大，主要是为了企业品牌推广，是企业人才市场营销的一种方式	
	广播媒体		
网络招聘	企业网站招聘	这是花钱最少的招聘方式，需要定期维护和更新	网站的点击率是关键
	专业人才网站招聘	主要适合招聘对象为本专业的人才	花费较高
	相关论坛	符合年轻人的习惯，信息传播方式比较简单、有效	需要一定的人力和时间发信息，诚信度不是很高，操作不当容易损害企业形象
	QQ群、微信群发信息等		
现场招聘会	人才市场招聘	可以快速淘汰不合格人员，控制应聘者的数量和质量	受到主办方宣传推广力度的影响，应聘者的数量和质量难以有效保证
	大型招聘会现场		
猎头公司招聘	猎头公司招聘	利用其储备人才库、关系网络、定向寻访等方式，帮助企业寻找所需要的人才	收费比较高，通常为成功录用人员年薪的20%～30%。猎头顾问的水平也决定了人才的推荐速度和质量
员工推荐	员工推荐	应聘者与现有员工之间存在一定的关联相似性，可以快速找到与现有人员素质技能相近的员工。是目前相对比较有效的招聘渠道之一	需要合理控制推荐人数，推荐成效和公司激励有很大关联度
招聘告示	招聘告示	招聘成本不高，简单易行	招聘启事的设计要求很高

二、常用招聘网站

网络招聘是各家企业目前常用的招聘渠道，而不同的招聘网站又面向不同的职业人群，各有其专门的领域。工欲善其事，必先利其器。HR要招到人、招对人，就得知道自己的目标人才在哪里。

下面列出了多家网络招聘的网站，供参考和选择。

1. 综合门户招聘网站

（1）前程无忧（51job. com）。

（2）智联招聘（zhaopin. com）。

（3）中国人才热线（cjol. com）。

2. 高端人才招聘网站

（1）猎聘（liepin. com）。

（2）智联卓聘（highpin. cn）。

（3）举贤网（juxian. com）。

3. 基层岗位招聘网站

（1）58 同城（58. com）。

（2）赶集网（ganji. com）。

（3）百姓网（baixing. com）。

4. 移动端招聘网站

（1）脉脉（maimai. cn）。

（2）BOSS 直聘（bosszhipin. com）。

5. 社交招聘网站

（1）大街（dajie. com）。

（2）领英（linkedin. com）。

【经验分享】 在论坛、社区里找应聘者的几种方法

除了发帖、等待应聘者投递简历，HR 也可以积极主动寻找合适的人才，用好网络这个平台。

1. 浏览与招聘岗位有关的专业技术话题，查看话题下回答质量最高的用户。

2. 寻找粉丝多、高质量的用户，看他们都关注了谁。

3. 看看被社区和编辑推荐出来的不错的回答和用户。

4. 提出一些比较有针对性的问题，邀请论坛知名用户来回答，让潜在的应聘者通过回答问题浮现出来。

三、做好员工内部推荐

内部推荐即通过员工推荐邀请其亲戚朋友来应聘公司职位。其最大优点就是企业和应聘者双方掌握的信息较为对称。国外调研报告显示，内部推荐是一种效果好、成功率高的招聘渠道，国外企业通过内部推荐选拔的人才比例平均达到40%，更有公司甚至达到60%。

1. 推行制度前的评估工作

内部推荐不应拘泥于企业性质，应该考虑的因素是人员规模、人员占比、推荐的岗位等。内部推荐人数应合理控制。

2. 内部推荐的奖励设定

任何职位都可由员工内部推荐。成功推荐了优秀人才的员工可以得到奖励。根据推荐职位的高低，奖励额度可以设定几个级别。例如，可根据招募职位的职级进行区分，推荐经理级别奖励1 000元、推荐普通员工奖励500元等。

如果预算费用不足，可用带薪假、免迟到券、实物礼品、公司自有产品等作为奖励。

3. 内部推荐奖励的注意事项

（1）不适用于内部推荐奖励的情况。需求部门负责人、人力资源部推荐的人才，人力资源部已通过其他招聘渠道所得到的人才等不适用于内部推荐奖励。推荐本企业前雇员的，也不适用内部奖励。

（2）奖励发放标准。建议设立节点发放制，各节点发放的奖金比例可根据企业情况进行调整。例如，被推荐人入职一个月发放20%，入职三个月发放30%，试用期转正后发放50%。

（3）奖励发放注意要点。奖励发放结果应公开、透明，可通过企业内部沟通平台、公告栏等形式告知全员，真正起到激励员工积极参与内部推荐的作用。

招聘秘籍三：

简历筛选方式

简历是公司与应聘者互相沟通的第一座桥梁，公司通过应聘者提供的简历可以初步了解应聘者的知识和技能。如何从大量的简历中筛选出企业所需要的人才是 HR 必备的技能之一，也是把好企业人员入口关的第一个环节。

在简历初筛阶段，看一份简历的时间应该在 40 秒到 2 分钟。如果分配时间的话，一般个人信息、工作地点、薪资为 5～10 秒，工作履历为 30～90 秒，其他信息为 5～20 秒。在这么短的时间里，明确看哪些点就很重要。HR 既要目标清晰，还要能看得出简历的水分，这样才能保证高效率地筛选简历。

一、简历的内容（见表 3—1）

表 3—1　　常见的简历内容

内容模块	具体信息
个人情况	姓名、性别、照片、出生日期、学历、籍贯、身高、血型、健康状况、婚姻状况、联系地址及电话、家庭成员（有些还会包括星座、属相等）
教育培训经历	大专、本科、硕士、博士，主/辅修专业、起止时间、毕业、肄业，参加培训的名称及证书，获得的各种荣誉等
工作经历	公司名称及业务介绍、工作起止年限、职位名称与工作职责、工作业绩、离职原因、上下级关系、薪资收入、工作单位各类奖励等
技能专长	外语等级、计算机等级、办公软件应用程度、职业等级水平等

续表

内容模块	具体信息
个人期望	应聘职位、培训平台、职业晋升、待遇要求、工作地点、入职时间
个人爱好	兴趣爱好项目
自荐信	自我评价、职业发展经历、个人职业规划

二、筛选简历的操作

1. 基本信息

（1）所在地。如果应聘者较多，可以选择居住地较近的员工；如果应聘者较少，这条可以放开，因为有些人确实不太在意路程问题。此外，目前人在异地但申请本地的应聘者也可能是不错的人选。

（2）年龄。通常每个职位都有相应的年龄要求，但不少职位的年龄要求并非硬性，仍存在一定的浮动空间。HR 需要灵活分析，在和用人部门充分沟通后，根据实际招聘情况进行调整，切忌一刀切。

2. 教育培训

（1）教育背景。主要分析所学专业、毕业学校与招募岗位的匹配度。需要关注应聘者高中、大学以及毕业后继续教育的情况。

（2）培训经历。主要分析以往培训课程内容与招募岗位的能力匹配度。

3. 工作经验

（1）专业经验。这点是简历评估重点之一，是判断应聘者是否胜任该岗位的重要依据。

（2）工作经历。要看应聘者以往工作中参加过或主导过的项目，重点了解应聘者的团队与跨部门沟通能力和学习意愿。通过工作经验可以评估应聘者实际的工作能力，同时推测应聘者的潜能。

（3）服务公司的背景。看应聘者服务过的公司是小公司还是大公司，还要看应聘者当前公司的服务年限。跳槽时间可以反映出应聘者目前的职业阶段，这是一个很好的信息。

（4）工作切换频率。看应聘者过去几份工作的岗位类型、时间长度及发展路线，通过这些信息可以推测应聘者今后的稳定性，也可以初步看出应聘者对自己职业规划的清晰程度。当然，推测不能做到十分准确，但实践证明这部分信息还是很有参考价值的。

4. 薪资要求

（1）目前薪资及期望薪资。如果应聘者的期望薪资远远高于企业预算，可能就没请来面试的必要。对于一些资历不错，但要求明显低于市场水平的，要注意挖掘其背后隐含的信息。

（2）需要细致了解应聘者现有薪资的组成，为后面的薪资谈判做准备。

5. 简历筛选常见的错误

（1）过分迷信大公司的工作背景。通常 HR 会以为应聘者有大公司的工作经历，会拥有好的经验和资源。事实上，大公司岗位分工细致，可能导致一些应聘者能力较为单一，未必符合企业岗位的需求。对大公司的工作背景一定要有全面的分析。

（2）忽视不连续的工作时间。为什么应聘者这段时间没有工作？为什么应聘者在这么短的时间跳了多家公司？聪明的 HR 能从不连续的时间节点中发现这些应聘者的疑点。工作时间不连续不一定是负面信息，但必须了解。值得注意的是短时间内频繁更换工作的情况，说明应聘者很可能在跳槽的时候对自己的定位并不明确，在新的工作岗位上产生不适应心理，以致不停更换工作。

（3）错误理解换工作的原因。如果应聘者是从大公司换到小公司工作，通常背后有许多原因，必要时可以通过背景调查来了解。在面试的时候，换工作的原因需要重点询问，并进行分析。比如，一个人在大公司是做招聘专员，而后来去了一家同行业内的小公司做了人事经理，那可能是这个应聘者对自身定位的一个良好调整，也有可能是怀才不遇而产生了“宁做鸡头，不做凤尾”的想法。如果两个公司实力悬殊，而此人的职务、岗位没有什么区别，那可能只是个平庸的应聘者。

三、分析简历的方法

1. 了解应聘者的工作经历要看三个关键信息

（1）看第一份工作延续的时间和上一份工作延续的时间。这个信息可以反映应聘者的流动频率和流动原因。通常，第一份工作对一个人来说是比较重要的，大都与自己的专业、兴趣爱好、价值观较为匹配。如果第一份工作坚持时间超过 2 年，说明这个人还是能够踏踏实实地在一个地方工作的。同样，上一份工作延续时间也很重要，因为上一个岗位通常可能与招聘的岗位相关性最大。如果上一份工作时间长，相应的经验自然也就不会少。

（2）看工作经历中对于工作职责和工作业绩的描述。首先看简历中是否描述了以往工作中的具体职责和业绩，这是简历最核心的内容。如果这项内容不写，说明这个人做事情目标性差，不懂得抓住要点。同时，对于工作职责和工作业绩的描述可以帮助 HR 做更精准的判断。以往工作的职责和现招聘岗位职责越接近，越容易筛查应聘者的专业性和经验；而工作业绩的描述如果与工作职责挂钩，就很容易看出其工作能力。

（3）工作职责前面的动词很关键。在粗看简历的时候，只要认真看看简历中写着“负责”两字后面的内容就可以了，其余“参与”“辅助”“指导”等词后面的事情多半都是没有做过或者只是稍有了解。应聘者“负责”的内容，跟此人的工作年限和工作能力有很大关系，可以帮助 HR 判断其核心工作经历到底在什么方面。

2. 通过应聘者的职业轨迹鉴别求职动机和稳定性

从简历分析的角度来看，职业轨迹是能够比较真实地反映一个人的求职动机和稳定性的。因此，要善于从简历中找出应聘者的职业轨迹。

（1）从过往工作企业的特点看出一个人的职业追求。看一个人过往工作企业的一些标签就可以看出他的职业追求。比如，从国企到外企、民企的人，多半是希望个人有良好的发展空间；而从民企、外企到国企的人，多半是求稳定和安逸；从行业中的小企业一路到标杆企业的人，多半是追求企业品牌效应和平台，肯做“螺丝钉”；而从行业中的标杆企业到小企业的人，多半想要实现个人想法或创业动机较强；有过创业经历的人，多半早晚还是要去创业的。

（2）从过往工作行业和工作职责的一致程度描绘出一个人的自我定位。看一个人过去从事过的行业和工作，就可以知道他是如何给自己定位的。在过往的经历中，一直从事同一行业，或工作内容呈现高度的一贯性，说明这个人对自己的个人定位清晰，扎根一个行业或者一种职业发展的动力也强。这类应聘者通常认可自己在这个业务领域的能力和回报。反之，如果一个人从事过许多不相关的行业，且工作内容也缺乏一贯性，就说明这个人一直没有找到与自己期望或者定位相符合的工作，也不能保证企业提供的职位机会就是他感兴趣的工作。

（3）从工作地点和薪酬要求可以看出一个人对稳定性的要求。在这两点上有明确需求和说法的人，对于工作本身的价值追求可能会低于其对自身价值得到认可的追求或者稳定的追求。有很多工作时间长且有一技之长的人会在意工作地点和薪酬，还有一些家庭负担重或者家庭观念重的人也会相对在意这两个指标。

招聘秘籍四：

电话邀约话术

电话邀约面试是招聘工作的重要环节，这个环节不仅关系到面试到场率，还直接影响招聘效果。从某种程度上来说，HR也是营销者——向应聘者推介公司、推介岗位。所以，HR也需要掌握一些电话邀约的话术与技巧。

一、电话邀约时的状态很重要

电话邀约时的状态包含语气、节奏、逻辑、态度、措辞等。沟通是信息的双向传达，通过电话来传播必然会有信息损耗。一句话从A传递到B，B最多只能接收到A想表达信息的80%。电话邀约时，应聘者看不到HR，能有效传达的信息就更少。因此，电话邀约时的状态显得特别重要。HR在电话邀约时要注意以下几点。

1. 语气

语气要舒缓有力，有亲和力，声音里面要带有笑容。保持聆听时，也要给予必要的回应。

2. 节奏

节奏感强的语言抑扬顿挫，富有表现力，注意关键词的有效传达，从声音上吸引对方。

3. 逻辑

电话邀约时要清晰、有条理，提前准备好应聘者关注点的应答策略。

4. 态度

HR 代表的是公司的形象，因此要始终保持职业素养，要对应聘者保持充分的尊重与理解，不咄咄逼人。

5. 措辞

电话邀约时要避免口语化，语言简练、吐字清晰，说话要有自信。

二、电话邀约的目的

电话邀约的对象大致分为两种情况：主动投递简历者和被动简历搜索者。对象不同，电话邀约的内容也有所区别。对于主动投递简历者，HR 在电话沟通中的重点是对其做进一步判断，决定是否邀请面谈。对于被动简历搜索者，重点在于了解其状态及求职意愿。

HR 在电话邀约前要做好功课，准备好要问的问题。对于应聘者的问题，HR 在电话中要巧妙回答，既不能避而不谈，也不能谈得太多。

电话邀约的过程中须了解两个问题：

1. 应聘者的求职意向。

2. 应聘者目前的职业诉求和考虑的工作机会。

HR 带着目的去沟通，有逻辑地一步步获取信息，有助于获得应聘者的好感。

三、电话邀约的步骤

1. 准备工作

一次成功的电话邀约，不仅仅是电话拨出去了，双方通话了那么简单。哪些因素决定了电话邀约是否成功呢？

如图 4—1 所示，影响电话沟通效果的主要因素为通话者的声音和通话内容。声音影响内容的吸引程度，内容的价值决定电话沟通的成果。当声音和内容都处于高值时，沟通效果好，也就是处于第一象限的位置 A 时，才是一次成功的电话邀约。

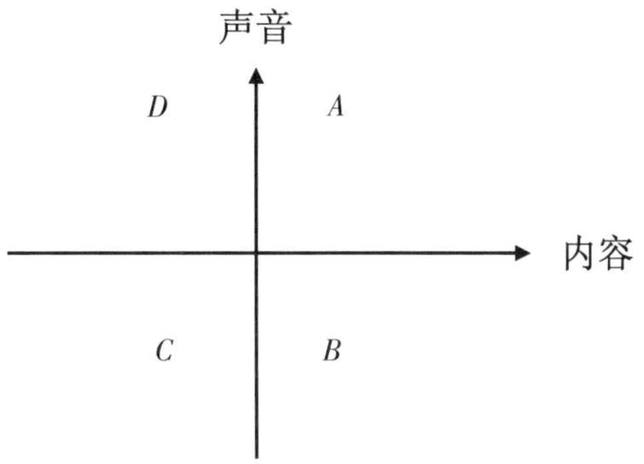

图 4—1　声音与内容的四象限图

HR 选择什么时间和应聘者进行电话沟通比较合适呢？对待业人员，时间可灵活掌握，但一般应在企业上班时间段内进行沟通。在职人员通常周一上午比较忙，周五下午状态也不佳，建议避开这些时间点。上午 9：00 前后，大家都比较繁忙，基本上就是开会、赶任务，也不适合电话交谈。一般在上午 10：00—11：00 或下午 5：00—6：00 电话沟通效果较好。

2. 说明来意

（1）接通电话时应先确认是否为本人。用全名和称谓称呼，表达对应聘者的尊重和了解。

【举例】

“您好，请问是张三张先生吗？”

（2）自报家门。接通电话后应介绍自己的公司、职位和名字。如果职位不高，可以说是“负责招聘的某某”。

【举例】

“我是×××公司人力资源部门负责招聘的某某。”

3. 询问对方

（1）对于主动投递简历者，应询问对方是否方便接电话。

【举例】

我们在某某网站收到您的简历。看了您的简历，感到您与我们公司需要的人员比较相符，现在想和您做一个初步沟通，不知道您现在方便接电话吗？

（2）对于被动简历搜索者，开场步骤跟上面差不多，其中的差别在于后面要询问对方是否方便接电话及是否寻找新的工作机会。

【举例】

请问您现在方便接电话吗？我们在某某网站看到您的简历有更新。请问您现在还会了解外部的工作机会吗？我公司正好在招某某岗位人员，不知道您是否有兴趣了解？

（3）应聘者不方便接电话。很多在职的应聘者会不方便接听电话，这种情况很正常，但一定要同他约定下一个沟通的时间点。

很多HR会说：“哦，好，那我晚点/下班前/今晚/明天再给您电话。”这时，电话沟通已经失败，因为对方很可能下一秒就把这件事情忘记了。这个时候需要询问对方下次通话的具体时间，一定要细化到几点，而且要得到对方的确定。

【举例】

1）“好的，没关系，您几点方便呢？”

2）“那我下午5点给您电话，好吗？”

3）“好的，理解，周一确实会议比较多，那我们改约到几点沟通时间会比较充足？”

4）“好，那我们约在今晚8点，我再给您电话，可以吗？”

4. 介绍公司及职位

接通电话获得对方肯定后，接着应介绍公司情况和岗位情况，应简洁明了、突出亮点。

（1）介绍企业。一般可以使用“高速发展”“行业最大”“行业盈利能力最强”“行业增长最快”“行业内领先品牌”“即将上市的公司”“百亿规模的集团企业”等限定词语。

【举例】

我们公司的全称叫×××，主要业务是×××，目前在国内该领域市场份额是最大的，员工规模×××，已获得××融资……

（2）介绍职位。先从职位所属部门和上下级关系说起，再到部门职责、团队成员，最后是公司招聘此职位的原因和目的。

【举例】

“这个职位是公司人力资源部门的负责人，直接向公司总经理汇报。下面的团队主要有 2 个模块经理以及 3 个主管，团队总人数有 20 多人。之前的人力资源总监因为自主创业而离职，这个职位空缺出来后，公司领导希望找一个在本行业内有着丰富团队管理经验的资深经理人来负责公司人力资源管理工作的推行。”

5. 确定面试时间

告知对方已经通过了简历初步筛选，让应聘者觉得企业招聘有一定的门槛且流程正规，进一步增加应聘者对企业的认同感。

【举例】

您的简历已通过我们的初步筛选。我们觉得您比较符合我们公司该岗位任职要求，现邀请您来我们公司做一次正式的面试。

面试邀约时要提供 2 个时间供对方选择，让对方感受到企业的重视。

【举例】

请问您明天上午 10 点或者后天上午 10 点，哪个时间更方便来公司面谈？

在通话最后，应将面试的时间重复一遍，进行进一步确认，以加深印象。

【举例】

非常期待明天上午 10 点与您会面。

6. 面试邀请函

电话邀约结束后要给对方发送邮件或短信，告知对方面试时间、地点、行车路线、公司名称、联系人、公司的大概情况、所招岗位名称及相关情况，并留下电话号码，便于应聘者有不明之处时可电话咨询。面试邀请函中可以放一些公司福利、团队建设的照片，显得直观、亲切。一封正式的面试邀请函可以让应聘者感觉受到重视，也体现出公司管理方面的规范可靠。

在用户体验至上的时代，谁重视应聘者的用户体验，谁就能得到应聘者。而上述这些关键点及细节能体现出HR的专业性和职业性。

【举例】 面试邀请函

×先生：

您好！

经过与您的初步沟通，我们认为您的工作经历与各项资质符合本公司×××职位的任职要求，特诚意邀请您至我们公司面谈。

面试时间：××××年××月××日

公司地址：××××××

乘车路线：××和××

停车信息：××××

联系电话：××××××××　　联系人：×××

其他要求：请带好个人一寸报名照

如果您希望更多地了解本公司，请登录公司官网浏览相关内容。

公司网址：×××××

×××公司人力资源部

××××年××月××日

7. 温馨贴士

用细节打动应聘者，是每一位HR都需要注意的。

【举例】

冬天的早晨，可以给当天的应聘者发条短信："亲，今天气温有点低哦，出门记得穿得厚一点，快到公司的时候告诉我一下，我给您准备一杯热水。"

四、电话邀约时的回答策略

电话邀约时，对于各类问题，HR可以参考以下回答策略。

1. 薪资福利问题

薪资福利问题不宜在电话邀约阶段明确答复，不妨先给出一个令应聘者放心的说法，留到面试时详谈。

【举例】

"我们岗位采用宽带薪酬制度，具体薪酬还需要通过用人部门经理的面试才能确认。我们会综合考虑您的工作经历和您的期望薪资，如果能力符合岗位需求，薪酬方面我们会做妥善安排的。"

2. 工作内容问题

这个问题需要HR事先做好功课，不要被应聘者问倒了。当然，这个问题也可能在HR跟应聘者介绍企业情况的时候就做了简单陈述，所以简要回答即可。

3. 是否出差问题

这个问题应如实回答，可以顺便介绍企业的出差补助政策。

【举例】

"相对同类企业，我们公司的出差补贴还是有一定竞争力的。"

4. 上班时间问题

这个问题应如实告知，包括是否需要经常加班以及是否有加班补贴等。这些都是没必要隐瞒的，因为一旦应聘者入职后发现情况不一样会更恼火，甚至辞职不干，导致招聘成本更大。

5. 企业管理问题

如果应聘者对企业的生存环境很了解，并提出一些尖锐的问题时，HR 可先表示认同，再把企业改善思路传达给应聘者。

【举例】

"是的，老板自己也是这样认为的，所以在后续企业经营中，老板倾向于请专业的经理人过来管理。"

6. 企业发展问题

当应聘者对企业发展提出质疑时，HR 要根据自身企业规模及在行业中所处的位置向应聘者进行说明，从企业的创业精神、增长速度、今后的业务规划等入手来说服应聘者。

【举例】

(1) "本公司营业额现在约 1 亿元，但近三年增长速度非常快，按照这样的速度，明年的营业额肯定不止 1 亿元。"

(2) "现在我们公司在行业内影响力确实不大，但是老板在这个行业做了十多年，对未来竞争与发展思路特别清晰，所以他下定决心要广纳贤才，共同发展。"

五、电话邀约的注意事项

1. 从应聘者的声音和谈话内容初步判断对方的态度。

2. 实事求是，不要承诺不明确的事情。

3. 语气坚定，不要表现出不确定（HR需要对企业历史、企业文化、各项规定、公司产品、技术、各部门情况、各岗位情况等都非常熟悉）。

4. 知道如何回应一些并不能给出确定答案的问题。

5. HR要表现出公司对应聘者的重视，给应聘者吃一颗“定心丸”。

6. 尽量说服应聘者前来公司面谈，争取提高预约成功率，充分利用简历资源，节约招聘成本。

招聘秘籍五：

面试体验设计

面试早已不是 HR 对应聘者的单方面考量，应聘者也在面试中通过各种细节观察判断这个公司是否值得选择。调查显示，很多的应聘者会因为糟糕的面试体验而拒绝工作。通常在面试过程中，HR 常常只关注到面试的直接功能性目的，即招募人才，却忽视了面试对于众多应聘者的另一种影响。事实上，那些没有进入企业的应聘者，会将面试中的体验同其他应聘者分享，从而形成企业在用人方面的口碑效应；而那些通过面试进入企业的应聘者，又会通过面试体验，形成对企业、企业文化和企业用人模式的看法，这将进一步影响到他们对工作和职位的看法。因此，忽视面试的体验效果，就是忽视面试的完整意义和价值。

好的面试体验，会让更多人才纷至沓来；好的面试体验，会进一步增强人力资源管理效果；好的面试体验，会提升业务部门参与面试的兴趣。

一、换位思考认识面试体验

面试体验指的是站在应聘者角度去感受面试全过程。

1. 面试体验可以简单分为三个层面

（1）感官体验。从招聘海报到面试环境，带给应聘者以视觉、听觉为主的感官体验，强调美感和可传播性。

（2）互动体验。从面试通知、现场面试到面试反馈，带给应聘者专业、尊重、平等的互动体验，强调友好性和舒适性。

（3）情感体验。面试过程能充分展示应聘者优势，且触动应聘者内心深处，触发个人情感，形成一种高度的情感认可效应。

2. 打造面试体验设计的两个关键词：体验度和产品化

（1）体验度。简单地说就是换位思考。很多 HR 习惯站在自己的角度去安排面试流程，但作为面试官，HR 应设身处地去考虑应聘者的个人体验，真正地站在应聘者角度去设计整个面试环节和流程。

应聘者第一次去一个陌生公司面试，一般都缺乏安全感，有些最基本的需求渴望得到满足，但又不好意思说。

【举例】

天气很冷或很热的时候，应聘者在路上走了很长时间，到室内后，最想喝一杯热水或者冷饮。但是，HR 总是在第一时间让人填应聘表、搞测评。这样的面试体验能好吗？

（2）产品化。不规范、不专业的面试体验造成了外部人员对 HR 的负面评价。要重塑 HR 形象就要从重塑面试体验开始。HR 要把面试过程当作一个产品去做，把“面试”真正重视起来，当成 HR 的“职业尊严”，而不只是一项简单的工作。面试的产品化，就是要体现 HR 的专业性。各个招聘环节、面试过程的设计和运营都要用心，使招聘流程流畅、规范，使细节体现新意、创意。

二、设计令人印象深刻的面试体验

1. 面试座位安排

HR 和应聘者在面试中的座位安排代表着不同的面试风格，会形成不同的面试氛围，影响着双方的现场发挥，导致不同的面试结果。以下是几种常见的面试座位安排。

（1）HR 和应聘者面对面坐，这是最常见的面试座位安排，如图 5—1 所示。

图 5—1　面对面坐

优点：可以很方便地形成 HR 和应聘者多对一的格局，双方可以全方位地捕捉对方的面部表情和肢体语言变化。

缺点：HR 处于强势地位，应聘者处于较低位置，感觉比较压抑。尤其是在领导的独立办公室面试时，HR 坐在办公桌后边的老板椅里居高临下，对面是坐在位置较低的椅子上的应聘者，这种因位置不同而产生的压抑和不平等的感觉可能更强烈。

这种座位安排比较适合面试管理、销售、客服等在工作中需要承受较大压力的人员，尤其适合压力面试，可以考察应聘者的抗压能力。要注意的是，这种座位安排不适宜双方平等交流，不利于那些自信心不足、性格相对内向的应聘者发挥水平，所以不建议经常使用。

（2）HR 和应聘者对角坐，如图 5—2 所示。

图 5—2　对角坐

优点：面试双方会感觉平等、亲切，容易创造出融洽、友好的交流环境，便于双方敞开心扉交谈，因此可以作为常用的面试座位安排。

缺点：只适合 HR 和应聘者一对一的面试，不方便实行 HR 和应聘者多对一的面试。这种安排也不适合压力面试。

（3）HR 和应聘者并排坐，如图 5—3 所示。

图 5—3　并排坐

优点：双方距离进一步拉近，甚至达到无拘无束、畅所欲言的地步。一般适用于比较熟悉和亲密的人之间进行。

缺点：只适合 HR 和应聘者一对一的面试，并且是双方关系较为熟悉的情况下。不适用于 HR 和应聘者多对一的面试。这种安排也不适合压力面试。

（4）面试沟通的安全距离。距离太远了不方便交流，太近了会使人局促不安。面试是一种较为正式的社交场合，双方距离应保持在 1～1.5 米。

2. 眼神礼仪

（1）注视方式。HR 和应聘者交谈时，眼神注视方式很重要，要传达真诚、谦虚、耐心、自信的信息，应选择直视、环视、凝视相结合的注视方式。

（2）注视区域。注视区域根据场合有不同的标准。面试是商务场合，HR的眼神应落在双眼和前额形成的三角区域，显示出严肃认真的态度。

（3）注视时间。交谈时，如果与对方的目光接触过少，是不容易取得对方的信任的。一般来说，面试中目光接触的时间应达到交谈时间的一半。

3. 面试反馈

每个职场人都多多少少参加过面试，在面试结束后大家最关心的一定是反馈意见。HR应如何面对不合格的应聘者？当HR认为应聘者暂时无法达到企业的要求时，给应聘者写一封及时、简洁的拒信，可以体现企业对应聘者负责任的态度。相比“默拒”，明确的拒信给应聘者带来的感受也要好得多。

【举例】

×××小姐/先生：

您好！

首先感谢您参加×××公司的面试，以及对我们工作的支持！您在申请职位与应聘过程中的良好表现，给我们留下了深刻的印象。

经过公司的综合考虑和整体衡量，非常遗憾地通知您：您目前的情况和所应聘的岗位需求不太匹配。我们已将您的简历纳入公司的人才储备库，若以后有合适您的岗位，会及时与您联系。希望今后能有机会与您共事！

再次感谢您对我们公司的关注和支持，祝您一切顺利！

人力资源部

××××年××月××日

【经验分享】某企业的招聘体验设计

从进门开始，每一位应聘者都有人接待，为他们带路并一路畅谈，从应聘者步入企业之初就消除了隔阂。

将企业文化墙安排在面试室和等候区对面，应聘者在等候时就可以浏览一遍企业的文化和优势，等于做了一次免费的企业宣传。

应聘者先在等候区做测试。测试所用的计算机屏保、会议室电视机滚动播放公司各个团队的照片，等候区的墙面上也装饰着公司团队的照片。墙面颜色和灯光比外面稍微暗一些，能够突出要展示的内容，让应聘者感受到这个团队的朝气。

等候区域除了提供免费的茶水、水果，还播放着舒缓的轻音乐，帮助应聘者缓解等待的焦虑和即将来临的面试所带来的压力。

面试间的角落里放着一个落地柜，柜子上整整齐齐地放着一个个布艺环保袋，袋子的设计非常小清新，边上立着一个牌子：请把我们和您的资料一起带走吧。应聘者会拿到一些企业宣传资料，刚好可以用这个袋子装走。这个袋子的标记和公司的标志也会让应聘者加深印象。

HR 都应知道，每一场面试都是一次智商和情商的碰撞，企业可能会如愿获得优秀的人才，也可能无所收获。这两者的差别就在于 HR 有没有能力掌控主动权并影响面试。任何一场面试都是一次企业营销的过程，每一位应聘者都不可能了解每一家公司，但是每一位应聘者都了解自己的感受。为应聘者提供良好的面试体验，就能让他们说服自己去选择这家企业。一个超过预期的面试环境和氛围，会让应聘者感到自己为这家企业花费的精力和时间都是值得的。

招聘秘籍六：

面试问题类型

一、面试类型

1. 根据面试标准化程度分类

（1）结构化面试指面试题目、面试实施程序、面试评价、HR 构成等都有统一、明确、规范的面试。

（2）非结构化面试对与面试有关的因素不作任何限定，如一些企业聊天式的提问面试。

（3）半结构化面试指只对面试的部分因素有统一要求的面试，如规定有统一的程序和评价标准，但面试题目可以根据面试对象变化，比如无领导小组讨论等。

2. 根据面试对象分类

（1）单独面试指 HR 与应聘者单独面谈。

（2）小组面试指多位应聘者同时面对 HR，如无领导小组讨论。

3. 根据面试进程分类

（1）一次性面试是指用人单位对应聘者的面试集中于一次进行。

（2）分阶段面试可分为两种类型，一种为依序面试，另一种为逐步面试。

依序面试一般分为初试、复试与综合评定三步；逐步面试一般是由用人单位面试小组成员按照职权，由低到高依次对应聘者进行面试。

4. 根据面试风格分类

（1）压力性面试是将应聘者置于一种人为的紧张气氛中，让应聘者接受挑衅性的、刁难性的刺激，以考察其应变能力、压力承受能力、情绪稳定性等。

（2）非压力性面试是在没有压力的情景下考察应聘者有关方面的素质。

5. 根据面试内容设计的重点分类

（1）常规面试即 HR 和应聘者面对面以问答形式为主的面试。

（2）情景面试突破了常规 HR 和应聘者那种一问一答的模式，引入了无领导小组讨论、公文处理、角色扮演、演讲、答辩、案例分析等情景模拟方法。

（3）综合性面试兼有前两种面试的特点，而且是结构化面试，内容主要集中在与工作职位相关的知识技能和相关素质上。

6. 根据面试途径分类

（1）电话面试即不需直接面对面而是以电话交流为途径的面试。

（2）视频面试指通过视频聊天的方式对应聘者进行的面试。

（3）现场面试指 HR 与应聘者面对面直接交流沟通。

二、结构化面试

结构化面试是一种有明确规范的面试形式，根据职位分析确定面试的测评要素，在每一个测评的维度上预先编制好面试题目，并制定相应的评分标准。面试过程中遵照客观的评价程序，对应聘者的表现进行量化的分析，给出一个客观的评价。对不同的应聘者应使用相同的评价尺度，以保证判断的公平合理性。

结构化面试能帮助 HR 考察应聘者与招聘职位职业行为相关的各个方面。

在此过程中，HR可以获得更多有关应聘者职业背景、岗位能力等方面的信息，并且通过这些信息来判断该应聘者是否能成功胜任相应的职位。因此，进行科学有效的结构化面试，可以帮助企业对应聘者进行更为准确的个人能力评估，降低企业招聘成本、提升员工绩效。

结构化面试常用的考察点和题目设计见表6—1。

表6—1　结构化面试常用的考察点和题目设计

考察点	序号	题目	面试要点参考
语言表达、仪表	1	请谈谈你的一次失败经历	如果能迅速回答，则应聘者反应灵敏，或可能是应聘者善于总结教训
	2	你有什么优点和缺点	应聘者对自己的判断是否中肯，自信、自卑和自傲倾向如何
工作经验	1	你现在或最近所做的工作，其职责是什么？	应聘者是否曾关注自己的工作，是否了解工作的重点，表述是否简明扼要
	2	你认为你在工作中的成就是什么？	了解对方对“成就”的理解，了解对方能力的突出点，了解对方是否能客观地总结回顾自我
	3	你以前在日常工作中主要处理些什么问题？	通过对方对自己工作的归纳来判断其对业务的熟练程度和关注度。可就此继续追问细节
	4	以前工作中有过什么良好的建议和计划？	了解对方对工作的改善能力。要追问细节，避免对方随意编造或夸夸其谈
应聘动机与期望	1	你最喜欢的工作是什么？为什么？请谈谈你在选择工作时都考虑哪些因素？如何看待待遇和工作条件？	可同时判断对方的分析能力和自知力
	2	你为什么选择来我公司工作？你对我公司有哪些了解？你为什么应聘这个职位？	只为找到一份工作糊口而盲目求职的培养潜质不高，但对公司是否了解不应成为考察的重点

续表

考察点	序号	题目	面试要点参考
应聘动机与期望	3	你对我公司提供的工作有什么希望和要求？	能大胆而客观地提出要求的优先；提出不切实际要求的可不予考虑
	4	你喜欢什么样的领导和同事？	喜欢什么样的人，自己也将最终成为那种人
	5	你认为在一个理想的工作单位里，个人事业的成败是由什么决定的？	了解价值观的一种方式。不同的职位需要不同价值观的人，但基本观念不能和企业文化相差太远
	6	你更喜欢什么样的公司？	判断对方在本公司的适应性和稳定性
事业心、进取心、自信心	1	你个人有什么抱负和理想？你准备怎样实现它？	追问，避免对方夸夸其谈
	2	你认为这次面试能通过吗？理由是什么？	理想情况是既自信又不狂妄
	3	你认为成功的决定性因素是什么？	追问：你认为自己具备其中的哪些
	4	你的职业发展计划是什么？如何实现这个计划？	有计划的人才真正有进取心，但要看对方所描述的是否适合本职位
工作态度、组织纪律性、诚实可靠性	1	你认为公司管得松一些好，还是紧一点好？	无标准答案，关键在于对方思路
	2	你在工作中喜欢经常与主管沟通、汇报工作，还是最终才做一次汇报？	无标准答案，工作习惯问题
	3	你如何看待超时工作和周末、节假日加班？	理想情况是既能接受加班，又不赞成加班
	4	你认为制定制度的作用是什么？怎样才能保证制度的有效性？	观察对方是否言不由衷
分析判断能力	1	你认为自己适合什么样的工作？为什么？	希望对方能切实结合自己的性格、能力、经历特点有条理地分析
	2	你认为怎样才能跟上飞速发展的时代而不落后？	追问：你平时主要采取什么学习方式

续表

考察点	序号	题目	面试要点参考
应变能力	1	在实际生活中，你做了一件好事，不但没人理解，反而遭到周围人的讽刺和挖苦，这时你会如何处理？	反馈的时间应作为主要参考因素，若对方在20秒内还没有回答，自然转入下一个问题
	2	在一次重要的会议上，领导做报告时将一个重要的数字念错了，如不纠正会影响工作，这时你会怎么办？	反馈的时间应作为主要参考因素，若对方在20秒内还没有回答，自然转入下一个问题
自知力、自控力	1	你认为自己的长处和短处是什么？怎样才能做到扬长避短？	关注对方对自己短处的描述
	2	你听见有人在背后议论你或说风凉话，你怎么处理？	关注对方思维的出发点
	3	领导和同事批评你时，你如何对待？	观察对方是否言不由衷
	4	假如这次面试你未被录取，你今后会做哪些努力？	观察对方提到问题时瞬间的反应
组织协调能力、人际关系与适应能力	1	你担任过什么社团工作？	顺势追问细节，全面观察对方
	2	你喜欢和什么样的人交朋友？	营造轻松氛围，尽量让对方放低戒心，展开阐述，从中观察细节
	3	从一个熟悉的环境转入陌生的环境，你会怎样努力去适应？大概需要多久？	不妨先举个实例引导对方，如：想象你到了一个陌生的城市拓展市场业务……
	4	你更喜欢主动地开展工作还是由上级指挥工作？你喜欢独立工作还是与别人合作？	两类人都有可取的地方，当对方选择其中一个时，可追问他对另一类人的看法
精力、活力与兴趣爱好	1	你喜欢什么运动？	将对方的兴趣分为身体接触对抗型、不接触对抗型、非竞争型、静止型、独享趣味型等再进一步分析
	2	你业余时间怎么度过？你喜欢什么电视节目？你喜欢读哪些书籍？	将爱好与应聘的职位一起分析，试寻找共同点，判断对方今后对职业感兴趣的可能性

续表

考察点	序号	题目	面试要点参考
精力、活力与兴趣爱好	3	你一般什么时候休息？什么时候起床？	休息有规律者优先
	4	你经常和朋友玩到很晚才休息吗？	能熬夜是精力充沛的表现，但若是经常“玩”得很晚则上进心不足
专业知识水平及特长	1	你认为自己最擅长的是什么？	与应聘职位一起综合考察，寻求共同点
	2	谈谈你对本专业目前发展情况的了解。你认为业界今后的发展如何？	时刻掌握专业最新资讯的人有培养潜力
	3	你有什么级别的资格证书和能力证明？你认为它们能证明你能应付工作中的什么具体问题？	对本专业的深度理解

三、无领导小组讨论

无领导小组讨论就是指一组应聘者开会讨论一个实际经营中存在的问题，讨论前并不指定谁主持会议，在讨论中观察每一个应聘者的发言，以此了解应聘者的心理素质和潜在能力。

在一般情况下，每个小组会有一名应聘者以组长的身份出来主持会议，这个人的领导能力相对较强。

根据每一个应聘者在讨论中的表现，可以从以下几个方面进行评价：领导欲望、主动性、说服能力、口头表达能力、自信程度、抵抗压力的能力、经历、人际交往能力等。也可以要求应聘者讨论完以后写一份讨论记录，从中分析应聘者的归纳能力、决策能力、分析能力、综合能力、民主意识等。

1. 无领导小组讨论的流程

无领导小组讨论的流程为：放置面试题（反面放置）、草稿纸→应聘者进入面试现场→落座（随便坐）→写名字→宣布规则→开始看题→开始讨论→总结陈词→退场。

（1）讨论前事先分好组，一般每个讨论组5～10人。

（2）一般采用圆桌会议室，HR席设在考场四边，或集中于一边，以利于观察。

（3）主考官向应聘者讲解无领导小组讨论的要求和纪律。

（4）翻开事先反面放置的面试题，给应聘者5～10分钟准备构思讨论发言提纲。

（5）主考官宣布讨论开始，应聘者依座位顺序每人阐述观点，每人1分钟，依次发言结束后开始自由讨论，HR不负责计时，完全由小组成员自己控制。

（6）HR观察并依据评分标准为每位应聘者打分，但不参与讨论或给予任何形式的诱导。

（7）讨论时间一般为20～40分钟，时间到了，应聘者离场。

2. 无领导小组讨论的考察要点

（1）分析问题、解决问题的能力。切中问题核心是最重要的能力，但是这种能力不是一天两天能够培养的，这里可以看出应聘者的素养。能否针对问题，解决问题，也反映了应聘者的阅读理解能力、对核心词、关键词的把握能力、逻辑性和条理性。

（2）团队合作能力。要看应聘者团队合作表现，以及赞同或否定同伴观点时的用语。

（3）团队管理能力。无领导小组讨论没有指定的领导，但是在面试过程中，肯定会出现相对强势的人来主导整个讨论，但是这个领导是隐性的，主要表现为控制讨论方向，调动大家讨论的积极性，给予弱势者以机会等。这个领导并不是发言最强势、发言最多的人。

四、压力面试

职场竞争是很激烈的，每个人都面临很大的压力，一个人承受压力的能力对于工作是至关重要的。任何一个企业都不是完美的，或多或少会存在一些问题，如流程不畅、关系复杂等。如果应聘者不能承受压力，可能会出现“撂挑子不干”的情况，给管理带来潜在的风险。

所以抗压能力是一种很重要的能力，在面试的时候是必须要考察的。但是现实中很多 HR 不知如何考察，经常是做一些无用功。比如会问：“你抗压能力强吗?”“如果这项工作需要承担很大的压力，你能承担吗?”诸如此类的面试问题是无法考察应聘者的抗压力能力。

那么，如何才能有效地考察应聘者的抗压能力呢?

1. 追问细节

这是一种很有效的方法，应聘者可以准备很多说辞，可是每一个问题都有很多细节，不可能准备全面。

【举例】

面试官：“你一般业余时间都做什么?”

应聘者：“看书、看电影、运动。”

面试官：“最近在看什么书?”

应聘者：“管理方面的书。”

面试官：“书名叫什么?”

应聘者：“《高效能人士的七个习惯》。”

面试官：“这本书的作者是谁? 哪个出版社出版的?”

应聘者：“……不记得了。”

如果应聘者能回答上来作者是史蒂芬·柯维，还可以问这本书讲了哪七个习惯。通过不断追问细节，就可以探知应聘者回答的真伪，并考察应聘者在压力下的反应。

如果没有认真读过这本书，是无法编下去的。但如果是其他的一些事情，应聘者可能有机会虚构，因为这件事情除了当事人，谁也不知道，这样的情况作为 HR 也不好判断，追问这些事情就没有太大的意义。

2. 注意量化词、名词、动词

应聘者一旦说到“有些”“很多”“大部分”“一些”等词的时候，就要求应聘者给出具体数字。

【举例】

应聘者说付出很大努力、做了很多贡献时，就需要问具体付出了哪些努力，行动的措施是什么，贡献到底多大等。

3. 对工作流程和标准进行追问

要求应聘者回答工作需要哪些流程和步骤才能完成。比如，对于销售人员，可以问如何开展销售工作、如何拜访客户、营销目标是多少等；对于技术维护人员，可以追问每天巡查多少次、如何巡查、巡查什么内容、如何发现问题等。

4. 对企业组织架构细节询问

在面试过程中，可以询问应聘者所在企业的组织架构、各部门的职责等。

【举例】

应聘者来面试商场促销员，HR 要怎么问才能知道其真实的工作经历呢？

（1）关于数量的问题

1）厂家的促销价格是多少？原价是多少？

2）竞争对手的价格是多少？

3）每天几点上班？工作几小时？工资怎么结算？有提成吗？一共赚了多少钱？

4）促销的任务是什么？

5）商场有多少促销员？

（2）关于流程的问题

1）上班前要做哪些准备工作？

2）促销中和客户沟通要怎么说？

（3）关于组织结构的问题

1）厂家里面谁管这些促销员？

2）商场里谁管促销员？

5. 对应聘者提出质疑或否定

提出质疑或否定也就是“找茬”，即在面试的过程中对应聘者的表现提出异议，或者对其优点提出疑问，让应聘者感到压力。例如，对应聘者说：“你期望的薪酬远远高于你的实际能力。”或者说：“你认为自己经验已经很丰富了，但实际上和别人的差距很大。”

面试中经常会聊到优缺点，经常有应聘者会说自己有亲和力、人际关系好。HR可以这样质疑：“你说你人际关系好，那我可以不可以理解为你好说话，容易受到他人的影响呢？”这类问题，是为了考察应聘者在面对质疑时是如何应对的。如果能表现镇定、不慌乱、不愤怒，就是一种优秀的品质，也说明有较强的抗压能力。反之，就是抗压能力不够。

还有很多其他的压力问题，如抓住应聘者的错误施加压力、限制时间回答问题等。限制时间的问题有很多，如“请你用一分钟时间简述一下自己的经历”“请用一分钟总结一下你今天的表现”等。

压力面试可以考察应聘者的抗压能力、反应能力、总结能力等，是一种很好的方法，但是如果运用得不好，也会带来一些负面影响，让应聘者感到HR咄咄逼人、不够通情达理、不够友好，从而对企业的印象很差，不愿意来这样的企业工作。因此，面试过程中不能一直采用压力面试。应聘者处于紧张状态时心理防御增强，不容易说出内心真实的想法。要灵活运用压力面试技巧，在气氛比较轻松的时候，可以抛出压力问题，让应聘者觉得这是在讨论问题，而不是人身攻击，也能消除应聘者的戒备心理，更好地表现自己。

五、在面试中抓住主动权

当应聘者的回答偏离正题时，HR要能够把握方向，及时引导应聘者回到正题上。在面试中抓住主动权可以用以下说法。

1. 抱歉，打断你一下，你谈得很有趣，不过我们恐怕得抓紧时间了。

2. 你可否扼要地回答我的问题，这样我们才能讨论接下来的重要内容。

3. 抱歉，打断你一下，你刚才提到了××改善的方式，我想进一步了解这方面的情况，请你举例描述。

六、发现应聘者的能力与工作背景明显不符合岗位要求时的处理方法

1. 首先要尊重应聘者，不要在语气和身体语言上出现怠慢或不耐烦的现象。应至少进行15～20分钟的交谈，问题可以转换到其他考察要素上去，这样逐个维度问下来会收集到更多信息供用人部门决策参考，同时也照顾到应聘者的情绪。

2. HR在交流15～20分钟后认为应聘者不合适，可以诚恳地告知应聘者其优劣势在哪里。在得到应聘者许可的前提下，也可以给出一些专业意见供应聘者参考。向应聘者说明HR需要见完其他候选人再对比，并对应聘者能来参加面试表示感谢。最后，HR可以送应聘者到门口，友好告别。

招聘秘籍七：

面试评价标准

在面试结束时，通常需要HR写面试评价。但有的HR写的面试评语尽是些“各方面条件合适，建议录用”“不合适，淘汰”等泛泛而谈的语句，没有反映应聘者个性差异的素质评价描述，这点需要改善。

在面试中发现条件比较合适的应聘者之后，就应该对他们做更仔细的评价，把应聘者信息与岗位要求进行比较，并在应聘者之间进行比较。HR要分析在面试阶段得到的信息，确定该应聘者是否具备胜任相应岗位所需的能力和个性特征。

面试评价应当能够恰当完整地反映HR与应聘者交流的主要内容。要特别注意的是，HR在写面试评价时，应该尽量不要评价应聘者的性格、个人生活态度、生活方式等私人情况。这一是因为应聘者的私人情况很难通过一次面试就准确评价，二是因为工作和生活本身是两个不同的概念。如果HR认为某些私人情况足以影响到工作，也可以就自己的初步印象和判断与部门进行沟通，但最终仍应由部门定夺。

简单地说，面试评价应重点关注应聘者的技能、素质和资质，并对照职位说明书或者岗位基本素质模型对这几方面的情况进行分析判断。应聘者的私人情况（这些在面试时其实也不太能全面体现出来）应放在次要位子。

特别需要注意，由于 HR 的职责是协助部门招聘所需要的员工，所以决定权在部门，HR 只需要客观中肯地描述应聘者的表现。当然，如果用人部门需要 HR 给予参考意见，那么 HR 也可以结合应聘者的实际表现给出自己的意见供用人部门参考。

一、面试评价维度

1. 基本信息

（1）时间观念。考察应聘者到达面试现场的时间与预约时间的差异。比预约面试时间提前 5～20 分钟到的应聘者，比较理想。这类应聘者有一定的时间观念，会把握时间，一般有较强的自律性，能够遵守公司的相关考勤制度。

（2）面貌着装。考察应聘者的衣冠着装是整洁还是随意邋遢；考察应聘者的精神面貌是精力充沛还是萎靡不振。

（3）其他。其他情况包括：应聘者的籍贯、年龄，毕业院校，在当地的工作和生活情况；是刚来此地找工作，还是已经有几年的工作、学习、生活经验；是否有固定的住房情况，是否成家，是否有小孩，家中是否有老人帮忙照顾小孩等。

2. 工作能力

（1）工作经验。评价内容包括：应聘者的实际工作情况是否与简历中工作经验的表述一致；原工作岗位的主要工作难点是什么，经历过哪些重要的技术事件，是如何解决这些难题的；原工作经验与现工作岗位的衔接性，是否具备现工作岗位的主要工作技能。

（2）学习能力。评价内容包括：应聘者对于现工作岗位欠缺的技能是什么，能否通过学习进行提升；应聘者的学习领悟能力如何，过去的学习阅读习惯；通过自身学习，掌握了哪些新的技能。

（3）沟通能力。评价内容包括：应聘者的沟通能力如何，能否正确地理解HR的问题，是否在回避问题，或是张冠李戴；应聘者与HR之间的互动情况如何，应聘者是否有适当的说服能力。

（4）团队协作能力。评价内容包括：在过去的工作中，是否有帮助其他同事解决不属于自己工作问题的经历，为什么要这样做，帮忙的意义在哪里。

（5）情况控制与克服困难能力。评价内容包括：应聘者的情绪控制能力如何，面对工作困难和部门领导的不理解如何调整化解；通过怎样的方法和渠道解决过去工作中的难题。

3. 职业目标

（1）性格兴趣。评价内容包括：应聘者的性格特点与其表述是否一致；应聘者的兴趣爱好是什么，与职业目标之间是否有联系。

（2）职业规划。评价内容包括：应聘者是否有职业规划，为什么有这样的规划，是否有一定的思路逐步实现其职业规划；职业规划与招聘岗位的需要是否一致，应聘者通过努力是否可以得到满足。

4. 离职原因

（1）离职动机。评价内容包括：应聘者在上一单位的离职原因；公司现招聘的工作岗位是否会出现与原离职原因类似的情况。

（2）求职意愿。评价内容包括：应聘者选择工作的因素有哪些，是职业发展、工作环境、学习培训、职位提升，还是照顾家庭方便等。

5. 薪资待遇

评价应聘者的薪资要求是否可以得到满足。

二、面试评价注意要点

1. 面试评语要围绕应聘岗位基本要求进行。

2. 面试评语语言要精练、表达要准确客观。

3. 面试评语是对应聘者在面试期间的综合表现、优缺点的客观点评。

4. 面试评语要清楚表明是否录用，避免模棱两可。

三、面试评价表

评价项目与格式可参考表7—1。

表7—1　　面试评价表

<table>
<tr><td colspan="6">应聘者基本信息</td></tr>
<tr><td>公司</td><td></td><td>办事处</td><td></td><td rowspan="2">联系电话</td><td></td></tr>
<tr><td>应聘者姓名</td><td></td><td>应聘岗位</td><td></td><td></td></tr>
</table>

评估项目	项目说明	评价			评价说明
形象气质	个人形象气质、自信度	□较好	□一般	□欠佳	
勤奋务实	刻苦努力、责任心强	□较好	□一般	□欠佳	
沟通与表达能力	善于与人交流，充分表达观点	□较好	□一般	□欠佳	
工作激情、进取精神	积极、乐观、进取、注重目标、自动自发	□较好	□一般	□欠佳	
学习能力	学习方法与习惯，学以致用	□较好	□一般	□欠佳	
逻辑思维能力	思考系统性、逻辑性，讲究方法	□较好	□一般	□欠佳	
适应与应变能力	适应环境，思路敏捷	□较好	□一般	□欠佳	
创新能力	突破固有思维，产生新的想法	□较好	□一般	□欠佳	
承压能力	能承受压力，能在压力中找到解决问题的方法	□较好	□一般	□欠佳	
团队协作能力	宽容，注重团队工作	□较好	□一般	□欠佳	
评分说明	每一项的评价满分为10分，总分100分				
	评价标准为：较好：8～10分；一般4～7分；欠佳：0～3分				
性格特征	□内向　□外向　□稳重				
求职意愿	□强烈　□一般　□不强烈				

招聘秘籍八：

薪资谈判技巧

薪资谈判是企业和应聘者之间的心理博弈与较量，只有在谈判的时候准确把握对方心理，才能使招聘事半功倍。薪资谈判是一门极其高深的技术，能否以合适的薪资找到合适的人才，有时成败只在一词之间。接下来我们就来谈谈如何做好薪资谈判。

一、薪资谈判三部曲

1. 掌握每个岗位的薪资范围

首先要掌握需要招聘的岗位的薪资范围，只有掌握了薪资谈判的范围，才能在谈判的过程中有充足的底气。如果发现某个岗位薪资范围的最高工资远远低于行业的平均工资，HR 要将这个情况反映给公司，让公司着手解决。否则，哪怕企业制度再好、企业文化再好、宣传再好，HR 也很难给公司招到合适的人才。

2. 掌握应聘者能接受的薪资范围

每个应聘者在面试之前都会对自己面试岗位的薪资设置底线，HR 要及时了解应聘者能接受的最低工资，才能判断公司的薪资标准能否满足其要求。

3. 为优秀者争取合理的薪资待遇

到了面试的最后一个环节，HR 要综合考虑应聘者是否符合招聘岗位的要求。如果符合，并且很优秀的话，HR 可以为其争取满意的薪资。要留住人才，薪资是一个有效的方法。

二、薪资谈判技巧

1. 技巧一

适当给应聘者以心理压力，降低其心理期望值，让对方务实地看待薪资。在招聘过程中，经常出现招聘人员被应聘者提供的原公司高薪唬住的现象。其实，薪资谈判时信息是不对称的，90%以上的应聘者在提出薪资时都会有上浮或夸大的成分，所以招聘人员要敢于质疑其薪资信息的真实性。

【举例】

"我最近面试了很多相同岗位的应聘者，你的这个要求是已经超过了市场行情的。"

"一般跳槽正常的涨薪幅度是在10%～20%之间，你的这个要求已经远远超出这个幅度了。"

通过这种方式先降低应聘者的心理预期；同时，也可以提前告诉应聘者，如果确定录用，需要其提供在原公司的收入证明，如工资条或银行流水等，这样可以避免一些应聘者过分夸大自己原来的薪资。

2. 技巧二

突出公司的优势，弱化应聘者对薪资的关注度。谈薪资时尽量谈比例结构、福利项目，尽量不谈具体额度。可以根据应聘者的实际情况进行公司优势的分析。

【举例】

“我们公司在行业内属于领先的公司，现在正处于高速发展期，如果你进来之后工作表现好，会有很多的晋升机会，我想这点你应该是比较看重的，不然你也不会从现在的公司离职。而且公司的管理很人性化，对员工还有虚拟股权计划，每个月度都会有考核并有相应的月度奖金。如果表现不错，加上这些激励和奖金，是完全能够达到你的预期的。”这个时候，HR要根据应聘者的需求点（离职的动机）来突出公司的优势，弱化应聘者对薪资的关注度。

3. 技巧三

薪资待遇不是很具备市场竞争力的公司，可以告知应聘者一个听起来较有竞争力的数据，比如年薪。至于其他相关数据，可以告知应聘者薪资管理结构与计算方法而不涉及具体金额，比如固定与浮动部分的比例以及发放时间。介绍福利时，尽量展现福利的项目，而非具体额度。

4. 技巧四

薪资谈判时，HR可以根据应聘者的心理状态，设身处地为对方着想，用情感打动应聘者。特别是在薪资谈判进入僵局或应聘者犹豫不定的时候，HR感性的说服可能会起到很好的作用。比如，HR会关心应聘者的职业生涯规划发展，关注应聘者是否经济压力较大、住所离工作地点较远等。可以根据应聘者的心理状况，站在应聘者的角度考虑，了解应聘者的顾虑，并尽可能地去帮助应聘者分析和解决他们的实际问题，让应聘者在情感上偏向于公司。如果应聘者还犹豫不决，可以给应聘者一定的时间考虑，但时间不要过长，一般控制在1～2天内，并告诉应聘者：“你是我们优先考虑的应聘者，因为我们确实比较看重你的稳定性，所以希望你尽快回复。如果你最终不考虑进入本公司，我们也可以尽早与其他应聘者沟通。”这样既能再次强调了对应聘者的重视，又暗示还有其他应聘者可以考虑。

三、谈判模板

【举例】模板一

我公司有较为完善的薪资体系，在同行业具有竞争力。公司提供的薪资依据个人能力有所区别，在与您交谈过程中，您在……方面表现出色，同时在……方面更加期待您的表现，就薪资方面……在日后的个人规划过程中，公司会提供……

【举例】模板二

目前您所面试的岗位的薪资范围是三千到四千，另外包括其他的福利，薪资最高额度取决于您的能力和您工作的年限。此外，公司每年会有调薪，如果您表现突出，可以按最高标准调。

四、薪资谈判中的疑难杂症

1. 应聘者要的薪资公司给不了，怎么进行洽谈

薪资谈判有两个基本点，一是吸引与激励人才，二是保证内部员工的公平，必须把握好两者的平衡。薪资要体现应聘者本身的市场价值，包括其素质、能力、经验与过往业绩状况。如果应聘者经验丰富、能力很强，薪资水平应相应提高，反之则适当降低。但必须坚持以内部的标准去进行薪资谈判，做到对内公平。操作上要看公司的薪资标准有无弹性。如果真是公司所需的优秀人才，可考虑向领导申请特批待遇。

2. 怎样介绍薪资结构才能更吸引应聘者

从薪资结构上来说，可分为四个部分进行介绍：岗位工资（保障员工基本

生活）、绩效工资（保障员工干得好）、福利工资（保证员工走不了）、技能工资（人性化管理的需要）。

3. 应聘者一开始就问工资多少，转正要达到多少，该如何回答

在回答这些问题之前，HR必须要知道公司给薪的下限和上限，但是只告诉应聘者给薪范围的下限和中间值。这样一方面可以替公司筛选掉对薪资有过高预期的应聘者，另一方面又保留了谈判空间，遇到经验丰富或者条件佳的应聘者时，还可以有往上调整的弹性空间。

4. 初次面试谈薪资，是开始谈还是结束谈

初试中谈薪资好像比较尴尬，但不谈又不能解开应聘者的疑惑。对于基础岗位建议可以直接在初试中谈及，会提高招聘效率。管理或技术类岗位则根据面试节奏来安排，可以在面试过程中了解应聘者的薪资需求，告知大致的薪资区间，避免因薪资问题导致优秀人才流失。

5. 招聘管理岗位人才如何谈薪资

管理类岗位的招聘，建议还是应与公司负责人沟通，给出大致的薪资区间。但在很多民营企业里也存在由老总或领导直接决定薪资的情况，针对此类情况可以先了解应聘者的薪资要求及原薪资情况，将意见反馈给相关人员。

6. 谈薪资待遇需要注意避免的问题

首先要注意的是，尽量避免摊出所有底牌，这样对公司很不利。其次，可以询问他们目前或上一份工作的薪资，而不要直接问应聘者想要的薪资，这样可避免当对方说出理想待遇而公司又达不到时让对方产生负面印象。最后，不要一开始就直奔薪资的话题，应先对应聘者有足够的了解再谈，盲目说出数字会失去进一步谈判的可能性。

7. 面试过程中了解对方薪资要求的方法

站在用人单位的角度来看，面试中可通过提问了解应聘者对薪资的看法。比如，在我们公司工作，你希望得到什么样的薪资待遇？你觉得每年加薪的幅度应该是多少？你愿意降低自己的薪资期望吗？从现在开始的三年内，你的薪资目标是什么？你认为我们给你提供的薪资如何？

8. 遇见合适的应聘者，但其期望薪资超过了岗位的最高薪资标准该怎么办

（1）告知定薪原则。有的应聘者认为企业是可以依据自己的原薪资与期望薪资来定薪资的。这时要明确告知应聘者，定薪必须遵循公司的薪资体系。

（2）弱化应聘者的重要性。强调该职位有很多竞争者，公司正在比较与衡量，这样可以有效降低应聘者的谈判筹码。

（3）展现"全面薪资"。影响人才职业转换的因素是多方面的，包括公司品牌、工作平台、薪资福利、工作环境等，要提炼出企业尽量多的优势，逐步展现给应聘者，增强其对企业的信心，提升整体吸引力。

9. 谈薪的恰当时间点

一般薪资谈判都要经过 2～3 次，而非一蹴而就。在每次薪资沟通之后，如果应聘者有异议并要求薪资提升，不应立即回复，最好有 1～2 天作为缓冲，让对方知道企业的薪资调整是需要内部审批的，制造一种"艰辛得来"之感，让对方自动降低期望。当对方的期望薪资明显超出公司薪资标准时，可要求对方提供原单位薪资记录（工资条、存折），或坚持薪资底线，中止薪资谈判，给对方一定的考虑时间，隔一段时间再询问其意向，同时继续物色其他应聘者。

10. 在不明确具体岗位的薪资待遇时，应聘者问到薪资该怎么样巧妙的绕开这个问题

可以告知应聘者，本公司这个岗位不设上限，如果能力达到，月薪过万都不成问题，关键看应聘者的面试和实际工作中的表现。应聘者通过面试后，HR 将与公司领导协商，确定最终的薪资待遇。

招聘秘籍九：

背景调查步骤

背景调查是从应聘者提供的外部证明人或前公司收集信息，来核实应聘者的个人背景的方法。背景调查应通过正常的、符合法律法规的途径获得被调查者背景资料的相关信息。通过对获得的信息与被调查者所提供的简历信息、面试收集的信息等进行比对，可以证实应聘者的教育和工作经历、个人品质、交往能力、工作能力等信息的真实性。背景调查已经成为企业人力资源管理者做出人才聘用决策的重要参考依据。

在欧美国家，背景调查已经成为招聘过程中必不可少的一个环节。根据2007年的一项调查显示，在美国93%以上的公司在招聘中采用背景调查，通常都要求应聘者提供推荐信以及每次的离职证明等来核实其背景资料。其中又有80%的公司在招聘中高层经理或核心岗位人员时会通过专业背景调查公司进行调查。为了降低因企业人才招聘带来的风险，很多世界五百强公司，如宝洁、可口可乐等，在招聘公司的研发工程师、配方员等核心技术岗位，市场销售经理等重要销售岗位，以及中高层管理岗位时，都会不惜投入重金委托猎头公司、中介调查公司等外部机构进行背景调查。

但是，国内不少企业对此却没有足够的重视。HR应当理解背景调查的重要意义，善用这一手段获取客观、真实的参考依据，由此避免因人员招聘不当而造成经济和技术损失的风险。

一、背景调查的主要方式

目前企业常用的员工背景调查方式有电话调查、问卷调查、网络调查、委托调查机构调查等。

1. 电话调查

公司通过对应聘者前公司的相关人员进行电话寻访，了解其在原公司的工作时间、工作岗位、工作表现、离职原因等。电话调查的优点是快捷、便利，可以在很短的时间内掌握应聘者的基本情况；缺点是受时间限制，获得的信息量较小。

2. 问卷调查

把设计好的背景调查问卷通过邮件或传真发送给应聘者原公司的相关人员，请其在一定时间内给予回复。问卷调查发出后要及时进行电话跟踪，确认问卷是否收到，并确认问卷的反馈时间。问卷调查的优点是信息全面，准确度高。缺点是耗费的时间较长，且有的证明人担心引起不必要的纠纷，不愿意以书面形式对应聘者进行评价，导致问卷得不到回复；还有的证明人只对调查表中的部分信息给予反馈。

3. 网络调查

目前，越来越多的 HR 会通过博客、微博、QQ 空间等社交网站来了解应聘者的相关信息，为录用决定做参考。但是，网络调查适用人群比较受限，因为不是每个人都会有网络记录，另外其真实性也有待评估。

4. 委托调查机构调查

企业自行进行员工背景调查往往费时费力，且由于很多员工来自竞争对手，在实施员工背景调查时无法获得其人力资源部的配合和支持。另外，企业的人力资源部调查手法单一、技术不专业，无法保证调查结果的真实性和有效性。因此，对于部分核心和重要岗位，很多企业会委托外部的调查机构去做背景调查。调查机构利用自身的数据库和专业工具，可迅速调查清楚被调查者的背景信息，且能保证员工背景调查报告客观、可信。但是委托调查机构进行背景调查需要花费较大的费用，给企业带来较大的人力成本压力，对每一名员工进行调查是不现实的。不过，对核心岗位的拟录用者进行背景调查还是十分有必要的。背景调查的方法有很多，但是在做背景调查时要注意保护被调查者的隐私和尊重被调查者，同时调查时尽可能听取多方意见，确保调查结果合理、合法、客观和有效。

二、背景调查操作攻略

1. 背景调查主体

对于用人单位而言，在进行背景调查的时候，有三种主要的调查主体。

（1）企业人力资源部门自己进行调查。其优点是人力资源部门对应聘者背景情况比较了解，能够更好地过滤调查到的信息以做出判断，节约成本；缺点是主观色彩较重，调查可能不够严谨客观，并且由于调查技巧不够专业，容易造成招聘时间和精力的浪费。

（2）外包给比较专业的第三方调查公司进行统一处理。这类公司有着固定的调查信息渠道，比较专业，态度中立且客观。在中国，第三方背景调查服务刚刚兴起，相关企业良莠不齐，人力资源部门在选择的时候一定要小心谨慎，否则不负责任的背景调查不仅会造成人才流失，还有可能带来法律风险。

（3）让猎头公司进行背景调查。这种做法比较节约精力和成本，但是某些猎头公司会帮助应聘者做一些“技术处理”，因为他们跟应聘者的利益是一致的。

2. 背景调查时间

（1）大部分背景调查是在用人单位有录用意向、但应聘者尚未入职之前进行，称为入职前背景调查。其优点是在这个时段进行背景调查所面对的应聘者比较少，可以节约招聘成本，而且一旦发现有造假的情况，用人单位可以灵活处理，法律负担较小；缺点是这个间隙时间比较短，不一定能够完成员工背景调查，应聘者还有可能因为等待时间较长而转向其他公司，导致用人单位失去优秀的人才。

（2）另外一种做法是在员工入职后、试用期之内进行，称为入职后背景调查。一般来说，企业试用期在 1 个月到 3 个月。这段时间进行背景调查优点是时间比较充裕，也不用担心失去优秀的员工；缺点是由于已经与员工签订劳动合同而且员工已经实际到公司岗位工作，一旦发现有造假情况，公司辞退该员工要冒比较大的法律风险，而且如果该员工存在职业道德上的问题，会给公司带来风险。

因此，建议大部分的职位采取入职前背景调查的方式，防患于未然；对于公司紧急招聘的职位，可以入职后试用期内再补上背景调查，但需要在法律上做好相应的防范措施。

3. 背景调查对象

企业要考虑自身的财力和人力安排，如果资金、时间充裕完全可以全员进行背景调查；对于中小型公司，建议对一定级别以上的关键岗位进行背景调查，如公司中层及以上管理岗位、专业技术骨干以及特殊岗位等。

4. 背景调查内容

背景调查的内容主要包括身份识别、犯罪记录调查、教育背景调查、工作经历调查、数据库调查五大类。其中，身份识别是指核实应聘者身份证的真假；工作经历调查包括调查工作经历是否真实，即时间、职位、是否正常离职、工作具体表现等；数据库调查是指通过权威的信息数据库来查找应聘者被公开的一些负面信息。

在同一个企业中，对不同岗位所进行的背景调查的范围和深度是不一样的。建议HR可以根据岗位重要性将员工划分成若干档级，以此决定不同员工调查的范围和深度。

5. 背景调查具体操作

根据上面所说的调查内容分类，各项背景调查的具体操作如下。

（1）身份核实。登录全国公民身份证号码查询服务中心（www.nciic.com.cn）可以进行应聘者身份证真伪的辨别。

（2）犯罪记录核实。犯罪记录核实有两种渠道。一种是通过应聘者户口所在地的派出所。通常的做法是由应聘者本人或者亲属到当地派出所开具无犯罪记录证明，并提供开具证明的警官姓名和办公电话，然后再打电话到派出所找该名警官核实情况是否属实。另一种是调阅员工档案。但由于目前档案管理不健全，档案中不一定涵盖被调查人的所有犯罪信息，所以该渠道只能是一个备用渠道。

（3）教育背景核实。登录中国高等教育学生信息网（www.chsi.com.cn）可以对应聘者高等教育信息进行核实。对于网上查不到相关信息的，需要通过调阅高校档案来核实学位证书。一般的档案馆会要求调查者发函或者传真过去，并收取少量的查档费。对于国外的教育经历，可以委托有能力的第三方公司或者通过国家教育部的留学服务中心来核实。

（4）工作经历真实性的核实。通过公司总机转到人力资源部门，找到相关人事专员进行核实，这是最可靠的一条途径。如果总机要求实名转接时，可要求应聘者提供一个人事专员的姓名，通过总机转入进行核实。通过前任主管进行核实也是另外一条可靠的渠道。

（5）工作具体表现的调查。如果需要核实该项，首先应在进行工作经历真实性核实时，从人力资源部门得到应聘者直接上级的姓名和联系方式，然后通过总机或者公司邮箱采访员工之前的上级。

（6）数据库调查。企业可根据自己的需求，选取不同的信息库网站进行调查。

6. 确保背景调查结果的可靠性

背景调查的可靠性是保证招聘结果可靠性的重要前提，而结果的可靠性来源于过程的可靠性。

首先，调查前应选择可靠的调查渠道。这里所说的“可靠”是指权威的信息来源。比如，对于工作起止时间、职位等客观信息，人力资源部这样有权保留员工信息的部门是一个可信渠道；而对于工作具体表现，直接主管则更可靠一些，因为主管是对员工进行绩效考核的主体。

其次，确保调查来源的身份是可靠的。在选择了可靠的调查渠道后，如何认定所接触的人真的是应聘者的前主管或者人力资源部门的呢？核实总机和办公邮箱是关键。一个公司的总机是公开的、可以信赖的、相对来说不变的，办公邮箱也是这样。如果是通过总机或者是公司邮箱联系上的，那么这个人的身份是可以信赖的。

再次，确保信息来源提供可靠的信息。即使选择了可靠的渠道，确定了该渠道中某个人的身份，那么如何确保此人所说的话是相对客观公正的呢？要做到这点，需弄清并记录信息来源者的姓名（至少是姓）、办公电话以及职位，一个人如果被别人知道了自己的姓名、性别、职位和办公电话，自然不太可能说谎，因为他是可以被定位的。同时，这些信息也能便于再次打电话进行二次调查。另外，如果是通过邮件、信件、传真联系此人，应妥善保留这些书面证据。如果通过电话核实出来有负面信息，那么必须找证明人出具书面的证明。

最后，一旦出现虚假的情况，人力资源部门应该高度重视，除了索要书面证明外，还要进行各种特殊情况的排除。例如，工作时间方面，员工可能将实习的时间并入工作时间而造成工作起止时间有出入；职位名称方面，员工可能写的是对外的职位名称，而前公司方面提供的则是对内的职位名称；薪资方面，应聘者写的可能是税后工资，而前公司方面提供的可能是税前工资。在排除了这些可能的特殊情况后，需要再从其他渠道进行二次确认。例如，如果前公司的人力资源部门提供的工作时间与员工自己提供的有很大出入时，可以找前任主管核实，而如果某位主管对应聘者评价非常不好时，可以找另外一位主管进行再次核实。

还需要注意的是，在判断一名员工是否弄虚造假时，需要防止该应聘者在招聘的前几个环节使用一个版本的简历，而等到背景调查的时候又因心虚使用另外一个版本简历的情况。这种情况屡见不鲜，尤其在招聘人员和调查人员不同，或者是将该项业务外包给第三方时。为了避免这种情况，人力资源部应先让员工填写背景调查表，自行或者委托第三方将背景调查表上的信息与应聘的简历进行对比，发现有出入可要求应聘者做出解释。

7. 避免背景调查中的各种纠纷

为了避免背景调查造成的劳动纠纷，企业相关部门应该做到以下几点。

首先，企业要在背景调查前做好两项准备。一要告知。要获得应聘者或员工的理解和支持，把调查目的、调查内容和调查人员范围都向被调查人做解释说明。最好是在面试中就告知，让当事人有思想准备。二要得到书面同意。应要求应聘者填写背景调查信息表，除提供各种需要调查的信息外，还应包括应聘者亲笔签署《授权书》和《声明书》。

其次，在背景调查过程中要保持严谨和客观的态度，妥善处理背景调查的负面结果。对于疑似负面的信息，要排除各种特殊情况，并多渠道求证，不能轻易地下结论，要相信大部分的员工都是诚实的。但是，一旦确定负面信息属实，则需采取相应措施。情节较轻者从轻处理，如进行培训、调整工作岗位等；情况严重的要果断地拒绝聘用，或与之解除劳动关系。

8. 背景调查话术

(1) 开场

1) 自我介绍，说明意图，确认对方身份。

2) 说明电话是保密的，问对方这时候谈话是否方便。

【举例】

您好，我是××公司的HR×××，我们已将A纳入应聘者的行列，现在想就A的工作经历及表现进行简单了解。我们将对电话内容进行保密，不知您现在谈话是否方便？首先确认一下您的身份，请问您的名字？您与A过去的工作关系是怎样的？

(2) 问题

1) 关于应聘者的职位和入离职时间

【举例】

- 请问您与A共事多久？
- A离职时的职位是什么？
- A的入职时间和离职时间分别是何时？
- A离职时您是否还是他的上级？

2）关于应聘者的主要职责、工作表现及同事关系

【举例】

- 请问A在职期间的主要工作内容包括哪些？
- 您认为A的工作能力怎么样？
- 和A平级的您的下属共有几位？A在平级中的业绩排名如何？
- 您给A涨过工资吗？您认为A的强项是什么？
- 您认为A在哪些地方最能帮助上司？
- A是否有生活作风及习惯影响工作业绩的行为呢？
- A需要改进和加强提高的地方是哪些？
- 请问A跟同事相处得如何？
- A和您的意见不一致时他会如何表达？
- A管理团队时，您是否收到过其他人直接向您投诉？

3）关于应聘者的离职原因

【举例】

- A离职的主要原因是什么？
- A离职的时候您挽留过他吗？

4）其他情况

【举例】

- 就您了解，A有无重大疾病呢？
- 在公司期间A有没有不良记录或纠纷？
- A跟贵公司的合同关系有没有完全解除？
- A在跟贵公司签订的劳动关系合同中有没有涉及竞业限制、保密等内容？
- A跟贵公司有没有欠款？

（3）结束

【举例】

我们需要向您了解的信息大概就是这些，非常感谢您的配合！再见！

三、背景调查运用注意事项

1. 必须获得员工的合法授权

无论何种背景调查，均应获得被调查人员的“调查授权”，否则禁止调查。因此，需要对员工进行背景调查时，可以在“应聘人员求职登记表”这类应聘者需要填写的表格中注明单位对其工作经历、学历等有权进行调查，由应聘者签字同意，或者在调查前让其签订“背景调查承诺书”等，以避免造成违法调查的法律责任。

相应的，当其他公司向本公司 HR 调查以往离职员工或者在职人员情况时，应要求对方提供被调查者的授权证明。如无授权，最好拒绝提供任何信息，否则可能造成泄露员工个人信息的法律责任。

2. 必须依法进行背景调查

调查内容应以与“劳动合同直接相关的信息”为限，应在授权准许的时间、地点、对象、范围等要求的条件下进行。禁止对未经授权的事项擅自调查，如向原单位询问其是否有过婚外恋、是否得罪领导等。

3. 必须合理使用调查报告

在调查中发现应聘者存在相关不符合用人单位要求的行为时，应低调处理，婉拒应聘者，尽量不要把调查结果作为不予录用的理由。因为调查结果本身可能不正确，若据此不予录用，将来又发现调查结果不实，很可能会给公司带来法律风险。

4. 必须注意调查的方法

如果是委托调查机构进行调查的，应签订合同，约定一些相关的行为要求。否则，不规范的机构不仅会给自己带来法律风险，也可能给委托单位造成纠纷。

5. 调查报告必须保密

调查报告中记载了若干可能真实、也可能错误的个人信息，一旦外泄，会给应聘者本人带来麻烦，也会给单位带来相关风险，因此调查报告必须保密。

招聘秘籍十：

入职前的工作

HR 往往认为，对于公司相中的应聘者，只要提供比他当前更好的薪资待遇就能成功邀请他来自己公司工作。但是事实并非如此。在经济高速发展的背景下，企业之间的人才竞争异常激烈。真正出色的人才可以在任何市场行情下找到工作，何况如今的市场对高品质人才有强烈的需求。优秀人才即使处于“过渡期”，即应聘者已经与某家公司达成录用意向而尚未正式入职的时期，仍有许多工作机会可选择。如何获得并保留优秀人才，这是现代企业共同面临的难题。

HR 应该认识到，每一个流动在市场上的优秀人才都并非只有一个选择。即便自己的企业很优秀，应聘者也可能有其他选择。应聘者接完 Offer（录用意向书），并不意味着招聘过程的结束。应聘者接受 Offer 但还未入职的阶段其实是招聘的最后一环，如果做得不好，之前所有的努力都有可能付诸东流。HR 要做持续的跟进，让应聘者提前了解企业，坚定他们的选择。

这里有一份操作攻略可供参考。

1. 提供一个“入职奖”

可以考虑给新员工提供一个小小的“入职奖”，可以在员工上班的第一天，或者在工作一个月后，或者在签订劳动合同时发放。

2. HR 定期联系

HR 可以定期打电话给新员工，或通过即时通信工具（如 QQ、微信等）与新员工保持联系。在这一过程中还可以回答新员工的任何问题，消除他们的疑虑。

3. 面对面的交流

新员工正式上班之前可能无法来访问公司。但是，HR 可以利用周末的时间，和他们一起吃吃饭、喝喝咖啡，以强化公司对他们的承诺。

4. 告知应聘者要正式离职

很多应聘者都是“骑驴找马”。当他承诺接受 Offer 时，HR 可以要求他马上从原公司离职，并确定何时能正式完成离职手续。

5. 要求应聘者停止找工作

可以告知新员工：“你既然接受了我们的 Offer，就不要再看其他的工作机会了。”通常情况下，他们会考虑这个意见的。

6. 影响新员工的家庭

给新员工的家庭成员赠送小礼物和发送欢迎信，以增强家庭成员的支持，也可以提供情侣衫、亲子装、其他产品等。

7. 提供一个企业邮件账户

通过工作邮件或内部社交账号，告知新员工他已是团队的一部分。这样也可便于新员工与企业进行联系。

8. 增强同事之间的联系

可以向同事们提供新员工的履历或个人主页，鼓励同事们给新员工写邮件，或关注其社交媒体账号，产生互动。

9. 强化新员工的选择意向

书面感谢新员工接受 Offer，并告知他接受本公司 Offer 十分明智，他能从公司收获很多。别忘了告诉新员工他对公司的重要性以及同事们有多期待他的到来。

10. 让新员工了解安排好的活动

让新员工清楚公司已经为他安排好一系列的活动，如某位高管会在他入职的第一天亲自迎接他等。如果新员工是比较高级的人才，他会意识到爽约会在行业内造成恶劣的印象。

11. 提供信息

减少新员工上班第一天的焦虑。新员工来到一个新环境，很多东西都是未知的。可以告知新员工停车信息，该穿什么、带什么等，并让新员工知道办公地点、电话、办公设施都已准备好，帮助新员工减轻上班第一天的焦虑情绪。

12. 减少无法胜任的恐惧

很多人就算拿到了 Offer，也会担心自己能不能做好工作。HR 可以清楚地告诉他，他满足公司的要求，而且大家都相信他能完成所交付的工作。

13. 如果有人试图改变应聘者的决定

当优秀应聘者决定离职时，原公司的经理和同事都会做出相应的挽留。面对这一状况，HR 要更加积极主动地进行争取，以坚定他们来自己公司工作的决心。如果效果不太明显，也可以向老板争取一下，提供一个更诱人的薪资待遇。

14. 给新员工安排一个导师

不用等新员工正式入职就可以给他安排一名导师，在入职前这段时间，给予他们相应的指导和帮助。

15. 聘用前的培训

在新员工入职前，可以提供一些在线的培训或在线的入职活动，这样能帮助他们更快地适应新岗位，同时增强来本公司工作的意愿。

16. 发送一个信息包

给新员工发送公司信息包，其中包括公司官网、社交媒体站点、视频介绍等，也可以包含一些常见问题的回答、上班第一天所需要做的工作列表等。可以让新员工加入内部群，让同事间可以彼此联络。

17. 发送新员工调查

对新员工进行一个简单的调查，内容可以包括他对招聘流程及面试体验的看法，强化公司对他的重视和关心。也可以调查新员工对工作及培训的需求，以便将来能更好地进行管理。